8/20

Índice

Hormigas increíbles 3
Glosario fotográfico 15
Índice analítico 16
Sobre la autora 16

¿Puedes encontrar estas palabras?

colonia

larvas

nido

reina

Hormigas increíbles

colonia

Las hormigas viven en grupos. Cada grupo se llama **colonia**.

Cada hormiga tiene un trabajo que hacer en la colonia.

Las hormigas obreras construyen el **nido.**

nido

Algunas hormigas encuentran alimento para la colonia.

Comparten el alimento con otras hormigas.

Algunas hormigas mantienen el nido seguro.

Una hormiga es la **reina**. Ella pone huevos.

reina

Las otras hormigas cuidan a los bebés. Los bebés se llaman **larvas**.

larvas

Las hormigas trabajan duro.

¡La colonia es un equipo!

¿Encontraste estas palabras?

Cada grupo se llama **colonia**.

Los bebés se llaman **larvas**.

Las hormigas obreras construyen el **nido**.

Una hormiga es la **reina**.

Glosario fotográfico

colonia: grupo de animales que viven juntos.

larvas: insectos en la etapa de desarrollo después de salir de los huevos.

nido: lugar construido por criaturas pequeñas para vivir y cuidar a sus bebés.

reina: abeja, avispa u hormiga hembra que puede poner huevos.

Índice analítico

alimento: 6, 7
bebés: 11
colonia: 3, 4, 6, 13
huevos: 10
nido: 5, 8
reina: 10

Sobre la autora

Tammy Brown escribe libros y enseña a maestros cómo enseñar a leer a sus alumnos. Le gusta caminar en el bosque y observar criaturas pequeñas, como las hormigas.

© 2020 Rourke Educational Media

All rights reserved. No part of this book may be reproduced or utilized in any form or by any means, electronic or mechanical including photocopying, recording, or by any information storage and retrieval system without permission in writing from the publisher.

www.rourkeeducationalmedia.com

PHOTO CREDITS: Cover: ©RooM the Agency/©Alamy Stock Photo p. 2,3,14,15: ©Meister Photos; p. 2,10,14,15: ©Pavel Krasensky; p. 2,5,14,15: ©imageBROKER/©Alamy Stock Photo; p. 4: ©Pitamaha/©Alamy Stock Photo; p. 6: ©ChaiyaTN; p. 8: ©Henrik_L; p. 12: ©Tan Hung Meng

Edición: Keli Sipperley
Diseño de la tapa e interior: Rhea Magaro-Wallace
Traducción: Santiago Ochoa
Edición en español: Base Tres

Library of Congress PCN Data
Hormigas asombrosas / Tammy Brown
Plantas, animales y personas
ISBN (hard cover - spanish)(alk. paper) 978-1-73160-518-4
ISBN (soft cover - spanish) 978-1-73160-531-3
ISBN (e-Book - spanish) 978-1-73160-524-5
ISBN (e-Pub - spanish) 978-1-73160-710-2
ISBN (hard cover)(alk. paper) 978-1-64156-156-3
ISBN (soft cover) 978-1-64156-212-6
ISBN (e-Book) 978-1-64156-267-6
Library of Congress Control Number: 2018967475

Printed in the United States of America, North Mankato, Minnesota